AF396279

LETTRE

LE BARON CHARLES DUPIN

1855.

BRUXELLES,

IMPRIMERIE DE A. LABROUE ET COMPAGNIE,

RUE DE LA FOURCHE, 36.

1855

LETTRE

A

MONSIEUR LE BARON CHARLES DUPIN

1855.

Bruxelles. — Imprimerie de A. Labroue et C⁰,
86, rue de la Fourche.

A MONSIEUR

LE BARON CHARLES DUPIN,

Sénateur, Membre de l'Institut,

Président du Jury des Expositions Universelles de Paris et de Londres.

———

Monsieur le Président,

Le jury français devant publier prochainement, sous votre direction, un compte rendu de l'Exposition de Londres, permettez-moi de soumettre à votre bienveillante attention quelques observations relatives au Rapport que la Commission royale anglaise a fait paraître.

J'ose espérer qu'après avoir pris connaissance de mes observations *en ce qu'elles ont de NATIONAL*, vous trouverez utile de mentionner l'erreur que j'ai l'honneur de vous signaler, et comme vous m'avez accordé votre appui personnel dans plusieurs circonstances, j'entrerai dans des détails que je tiens à honneur de vous faire connaître.

Il est dit, à la 22ᵉ section, que des appareils exposés par MM. Stuart et Smith (de Sheffield), et dont M. LAURIE est *l'inventeur*, ont obtenu la GRANDE MÉDAILLE.

Vous voudrez bien remarquer, Monsieur le Président, que le nom de *Laurie*, écrit de cette manière, semble être celui d'un *Anglais*, tandis que c'est le mien qu'on a voulu désigner. Cette erreur devait d'autant moins se produire, que je l'avais signalée, dès la publication de la liste officielle des récompenses, à M. Sallandrouze, et, aussitôt après la clôture de l'Exposition, à M. le Ministre du commerce, par l'intermédiaire de MM. Fleury et Dupontès, et que MM. Stuart et Smith, cessionnaires de mon brevet pour la Grande-Bretagne, avec droit d'exposer tous mes appareils, avaient fait graver correctement et très-visiblement la dénomination suivante sur les appareils de mon invention :

G. LAURY, BREVETÉ A PARIS (1).

Ayant moi-même exposé mes produits au Palais de Cristal, il en résulte que mon nom figurait en même temps dans la partie *française* et dans la partie *anglaise*.

Ce fait tout exceptionnel ne mérite-t-il pas d'être mentionné, puisqu'il a donné lieu aux DEUX PLUS HAUTES DISTINCTIONS accordées aux plus méritants des 18,000 concurrents de TOUTES LES NATIONS, et m'a valu, *sur votre proposition*, Monsieur le Président, l'une des premières candidatures à la décoration de la Légion d'honneur, que l'on ne m'a pas accordée, il y a trois ans, pour des motifs que l'on n'a pas fait connaître (2)?

(1 Ce n'est qu'à cette condition, d'indiquer mon *nom* et ma NATIONALITÉ sur chacun de mes appareils, que j'ai consenti la cession de mon brevet à MM. *Stuart* et *Smith*, qui, évidemment, avaient intérêt à exposer *tous mes systèmes*, bien qu'ils me dussent une prime sur la fabrication et la vente de chacun d'eux.

(2) J'avais obtenu personnellement une médaille et une *approbation spéciale*, la seule qui eût été accordée aux exposants français.

J'attache d'autant plus de prix à ce témoignage, Monsieur le Président, que je le dois uniquement à mes travaux industriels. D'autres services, dont les premiers ont été rendus dans la marine, au SÉNÉGAL (il y a vingt-cinq ans), s'ajoutaient à ceux que j'ai pu rendre depuis dans la garde nationale de Paris, où, jusqu'à sa dissolution (12 janvier 1852), j'étais l'un des plus anciens capitaines.

J'avais ces titres particuliers avant les journées de février 1848, et j'ai montré plus d'une fois que, malgré le prix que j'attache, comme tout honnête homme, à être membre de la Légion d'honneur, je savais sacrifier ma légitime ambition au sentiment du devoir; j'ai prouvé que les compagnies qui m'avaient appelé à les commander pouvaient compter sur moi, et que je n'acceptais pas les prescriptions auxquelles on voulait m'astreindre pour obtenir une récompense que je voulais devoir à mes services et non à d'humiliantes démarches.

Une de ces prescriptions est nettement exprimée dans trois lettres *officielles* qui m'ont été remises le même jour par M. le commandant *Vieyra*, avec invitation de les communiquer à ma compagnie TOUT ENTIÈRE, sans motifs plausibles; je les ai fait imprimer avec quelques observations et une *Notice*, pour prendre acte de certains faits et corroborer ce que j'avais dit, notamment lorsque M. Vieyra se porta *si hardiment* candidat au grade de COLONEL de la première légion, concurremment avec les généraux de division *Gourgaud, Castellane* et *Montesquiou-Fesenzac,* trois de nos gloires militaires (1) ! ! !

C'était, pour moi, un devoir d'autant plus impérieux de

(1) Ce qui prouve l'utilité de mon intervention à cette époque, c'est que M. Vieyra a néanmoins obtenu près de 700 suffrages pour le grade de colonel.

faire cette constatation qui devait mettre en garde les généraux *Changarnier, Gourgaud, Perrot* et.... la légion tout entière contre tout projet d'ambition déloyale, que les menées de M. Vieyra, le 24 février 1848, s'y trouvaient naturellement expliquées.

Je comptais alors six élections comme officier dans la première légion et d'autres nominations à des fonctions honorifiques, sans avoir jamais brigué aucune candidature, *ni fait valoir aucun titre en vue d'obtenir des suffrages*. Je venais, en outre, d'être réélu, à *mon insu*, dans une autre compagnie que la mienne après les changements de circonscription, parce que chacun savait que j'avais payé de ma personne dans toutes les circonstances. Ces titres me semblaient suffisants pour dévoiler les manœuvres de M. Vieyra sans avoir à craindre aucune interprétation malveillante. Dès lors, bien que les trois lettres *officielles* que, par son ordre, j'allais communiquer à plus de 600 personnes, n'eussent trait qu'à la garde nationale, j'ai parlé en même temps de mes services dans la marine, de mes expéditions dans l'intérieur du *Sénégal* en 1828 et 1829, et de mes services dans une épidémie de fièvre jaune qui enleva, en deux mois, plus de la moitié de la population de cette colonie en 1830. J'ai parlé des travaux d'églises, d'hôpitaux, de casernement et de fortification que j'avais fait exécuter à *Saint-Louis*, et, en dernier lieu, à *Gorée*, où, en 1832, j'étais chargé en même temps du service du génie militaire et de celui des ponts et chaussées.

Enfin, pour justifier la confiance que la majorité de la 7ᵉ compagnie avait eue en moi, et la faire partager au bataillon *que je pouvais être appelé à commander dans des circonstances difficiles*, j'ai cité pour la première fois les témoignages honorables que j'avais reçus au *Sénégal* et dans la *Sénégambie*, notamment ceux de M. l'amiral comte de Rigny, alors ministre de la marine, et ceux que me donnèrent ultérieurement M. l'amiral baron de Mackau, mon colonel, et plusieurs généraux (1).

Quant à mes services dans la garde nationale de Paris, j'ai dit dans ma Notice imprimée en 1849 : « Que, depuis mon inscription sur les contrôles, il y a plus de vingt ans, j'avais toujours été l'un des premiers à mon poste et au premier rang dans toutes les circonstances, et que jamais personne ne m'avait remplacé dans mon service, soit comme lieutenant, soit comme capitaine. »

Mais j'ai cru devoir, en cette dernière qualité, préciser certains faits auxquels ma compagnie elle-même avait pris part dans les journées de février 1848, alors que nous manquions déjà de direction, et que les hommes *habiles* s'effaçaient pour n'assumer sur eux aucune responsabilité.

J'ai dit, pour les motifs qui précèdent et pour répondre aux insinuations malveillantes de M. Vieyra, que les services de la compagnie que je commandais avaient été incessants à partir de la nuit du 22 février, nuit pendant laquelle furent tolérés, en quelque sorte, les incendies des Champs-Élysées, où je fus fortement contusionné, non-seulement en contribuant personnellement à leur extinction, mais encore par des projectiles qui nous furent lancés par les incendiaires, alors que, par un acte énergique, on eût pu com-

(1) La 7e compagnie, qui savait à quelle cause j'appartenais en me nommant pendant que j'étais en Espagne, comprend la rue Tronchet (que j'habite depuis trente ans), la place de la Madeleine, la rue Royale jusqu'à la rue Saint-Honoré et les rues adjacentes avec les marchés... Sans l'adoption d'un autre mode de nomination, je pouvais espérer d'être réélu et de ne pas être rayé des contrôles avant d'avoir atteint l'âge de 50 ans. (Né en 1803, j'avais 45 ans, et me portais fort bien lorsqu'il y a *trois* ans l'autorité prit cette détermination encore pour des motifs que l'on n'a pas fait connaître

primer dès son début cette première manifestation de désordre.

J'ai dit que, le 23, nous avions été le jour et la nuit sous les armes, et que dans la matinée du 24, jour de subite *transformation.....*, nous avions assisté aux scènes de la place du Carrousel, après avoir été bien tristement témoins de celles des boulevards, vers 9 heures du matin, et qu'avec l'aide d'autres compagnies, nous étions parvenus à contenir les masses qui se dirigeaient vers les Tuileries.

Ces masses s'étant dispersées en apprenant que le roi accordait la *Réforme* et venait d'appeler M. Odilon-Barrot au ministère, sur l'avis de M. le maréchal Bugeaud, qui s'était trouvé avec nous noyé dans ce débordement populaire, nous nous sommes retirés en laissant de nombreuses troupes avec de l'artillerie sur la place du Carrousel ; mais à peine arrivés à l'état-major de la première légion, mon colonel, presque en même temps qu'il apprit que le roi venait d'abdiquer en faveur de Monseigneur le comte de Paris sous la régence de sa courageuse mère, Madame la duchesse d'Orléans, me donna l'ordre d'aller prendre le commandement du Ministère des finances avec plusieurs compagnies, et d'en chasser les envahisseurs, qui y avaient déjà pénétré après avoir attaqué et désarmé la troupe du corps de garde sur la rue Mont-Thabor.

L'évacuation de ce Ministère se fit dès notre arrivée ; mais ce palais ne tarda pas à être enveloppé de nouveau par des colonnes formidables qui désarmaient tout ce qu'elles rencontraient et avaient même enlevé plusieurs drapeaux.

Nous étions là au milieu des fusillades et des engagements meurtriers du Château-d'Eau et de la place Louis XV...... Nous avions des incendies à droite et à gauche ; le départ du roi en face ; l'envahissement de la Chambre des députés ;

puis, la dévastation de l'état-major général et celle des Tuileries, dont partie du mobilier et des archives furent jetés par les croisées et dévorés par les flammes.

Lorsque le danger eut cessé, mon *colonel*, par suite des incroyables manœuvres de mon collègue, M. Vieyra, qui occupait le corps de garde sur la rue Mont-Thabor, me fit remettre l'ordre de lui céder le commandement du Ministère, et de me trouver place de l'Hôtel-de-Ville à **minuit précis**!!! *J'ai constaté ce fait la dernière fois dans* LA PATRIE *du 20 mars 1850.*

J'avais d'abord *énergiquement* refusé d'obtempérer à cet ordre, qui me fut apporté à *deux reprises* (1) par M. VIEYRA *lui-même*, parce qu'il émanait du nouveau général en chef, M. *de Courtais*, et qu'il n'était signé que de lui. Mais lorsque, pour la *troisième fois*, il me fut rapporté signé du *colonel* de la 1ʳᵉ légion, que sa signature, que je connaissais déjà, me fut garantie, en outre, par plusieurs de mes lieutenants et notamment par M. le comte du Chayla, et que, dans toutes les prévisions, je laissais des forces suffisantes au Ministère, je partis avec ma compagnie, dans le dévouement et l'énergie de laquelle mon colonel avait toujours eu pleine confiance. Du reste, d'après un ordre aussi précis, et ce que mon collègue, M. Vieyra, avait pris le soin de me dire avec l'apparence de la plus parfaite sincérité..., qui n'eût pensé, comme moi, la troisième fois que cet ordre me fut apporté, que des dispositions étaient réellement prises pour se rendre maitre de l'hôtel de ville pendant la nuit? Devais-je me défier *plus que je ne l'ai fait* d'un collègue nouveau, il est vrai, et refuser encore de lui céder mon

---

(1) A DEUX REPRISES! prouve évidemment l'importance que M. *Vieyra* attachait personnellement à l'exécution de l'ordre de M. DE COURTAIS, ordre qu'il trouva moyen de faire sanctionner par notre COLONEL.

poste? Et cependant M. Vieyra, à qui j'en ai donné plusieurs fois *publiquement* l'occasion, n'a jamais dit comment il se trouva en rapport avec M. DE COURTAIS dès l'après-midi du 24 *février*. Nous n'avons jamais connu non plus sa réponse au général Changarnier.

Ce n'est pas sans motifs que j'ai expliqué dans ma NOTICE, imprimée en 1849, qu'au moment de quitter le Ministère des finances, que j'avais protégé pendant *douze heures consécutives, avec succès*, nous allions pouvoir prendre quelque repos après plusieurs nuits d'incessantes fatigues.

J'ai dit qu'étant arrivé avec ma compagnie à **minuit précis** sur la place de Grève, après un trajet difficile à travers des barricades bien gardées, souvent à la lueur de l'incendie, les pieds dans la boue et quelquefois dans le sang, j'avais trouvé l'hôtel de ville envahi par des masses armées et dépourvu de toutes forces militaires!...

J'ai dit, toujours pour des motifs qui s'expliquent d'euxmêmes, que j'étais resté là toute la nuit et toute la matinée du 25, sans recevoir aucun avis, aucune nouvelle, à attendre des ordres et les renforts de troupe qui m'étaient promis (1).

J'ai dit enfin que, pendant cette terrible nuit, la place n'était éclairée que par les mèches allumées de quatre pièces d'artillerie qui étaient entre les mains d'une population dont la défiance égalait l'agitation, et que tout le palais ne l'était non plus que par la pâle clarté de quelques lampes; que, dans cette position et en l'absence de M. de Lamartine, absence qui se prolongea pendant quatre heures de la nuit,

---

(1) Il serait intéressant de savoir aujourd'hui si nulle autre compagnie que la mienne ne reçut l'ordre de se rendre place de l'Hôtel-de-Ville, à *minuit précis*!!! Si la mienne fut la seule, à quelle intention donc attribuer une mesure qui la compromettait si gravement?

j'avais, secondé par mon capitaine en second, ancien militaire aussi brave qu'énergique, et par mes lieutenants,
sauvegardé la vie des hommes de ma compagnie, protégé
des familles d'employés, secouru des gardes municipaux,
empêché des conflits, des dévastations et le désarmement
dont nous étions menacés par ces masses armées au milieu
desquelles nous étions noyés, observés et... *oubliés* par
ceux pour lesquels c'était un devoir de nous faire appuyer.

Je n'ai pas rapporté tous les détails de ce lugubre tableau,
les embarras et les difficultés qui surgissaient de toutes
parts, les scènes tumultueuses et les éventualités que j'avais
à envisager en présence des vociférations, des menaces et
des rumeurs sinistres qui partaient de la place et de toutes
les parties du palais. Contraste frappant avec ces bals si
brillants, ces fêtes si splendides auxquels chacun assiste
volontiers, aujourd'hui que l'on est sûr d'y trouver des
orchestres délicieux, des toilettes ravissantes..., et plus de
ces femmes en haillons qui pénétraient elles-mêmes dans
les caves où le désordre se ruait.

Oui, vous qui nous avez trompés par votre versatilité si
rapide!... vous qui dormiez loin de nous et qui n'aviez pas
nos tristes pressentiments, vous assistez volontiers à ces
fêtes aujourd'hui que les salons ne sont plus encombrés
d'hommes armés, et que les chevaux des gardes municipaux
tués ne sont plus en liberté dans les vestibules et dans les
cours! Aujourd'hui que des coups de fusil et des cris mille
fois répétés de : Sentinelles, prenez garde à vous! ne se
font plus entendre; qu'il n'y a plus ni morts, ni blessés, et
plus personne à protéger contre tout ce que Paris fournit
de repris de justice dans ces fatales circonstances.

Oui, vous allez volontiers à l'hôtel de ville aujourd'hui
que vous êtes sûr d'y trouver des amis, et que les bougies

et le gaz remplacent les mèches allumées des canons chargés
à mitraille, que les gardiens des barricades et les barricades
elles-mêmes n'entravent plus la circulation, que les incendies sont éteints et les pavés replacés !...

Aujourd'hui, vous vous y présentez avec des épées et
des décorations, sans crainte de vous les voir arracher ou
d'être massacré : car nous pouvions penser, nous, que le
sang qui venait d'être versé n'était pas le dernier, soit que
nous fussions restés seuls ou que des troupes fussent ve-
nues nous rejoindre et compliquer fatalement, au milieu des
ténèbres, une situation déjà entourée de tant de périls !...

Nulle autre compagnie que la mienne n'a paru sur ce
foyer de désordre pendant dix heures consécutives ; et
c'est à son retour seulement, vers 4 heures du matin, que,
pour calmer l'exaspération de ces masses surexcitées,
M. de Lamartine, après avoir promis du *pain*, proclama...
« *la formation de vingt-quatre bataillons de gardes mo-*
« *biles..., celle d'ateliers nationaux, et, à ma grande sur-*
« *prise, l'ouverture des portes de Vincennes pour donner*
« *des armes à ceux qui n'avaient encore que des pistolets et*
« *des poignards !... (1) »*

Enfin j'ai, dans ma Notice, rendu hommage à la ferme
contenance de mon détachement, qui se trouva là au milieu de dangers difficiles à comprendre.

J'ai dit que tous, officiers, sous-officiers et gardes nationaux avaient fait leur devoir comme les jours précé-
dents, malgré leur lassitude extrême ; qu'ils avaient bra-
vement payé de leurs personnes dans cet isolement de
toutes forces militaires, et avaient en outre le mérite de ne

(1) Vers 5 heures du matin, M. de Lamartine m'a fait remettre par
M. Louis Blanc un ordre manuscrit signé de lui, pour faire donner du pain ;
cet ordre, que j'ai encore, nous sauva peut-être dans la matinée du 25.

pas avoir cherché à profiter de leur position exceptionnelle auprès du *Gouvernement provisoire triomphant!!!*

J'ai revendiqué, dis-je, comme un titre de n'avoir obéi à mon COLONEL qu'après avoir refusé, *à deux reprises*, d'obtempérer aux ordres de M. de COURTAIS, représenté par M. VIEYRA *dès l'après-midi du 24 février!...*

J'ai dit aussi, et cela est constaté par un procès-verbal de l'époque, qu'au moment de me séparer de ma compagnie, le *fanion* me fut offert comme témoignage d'estime et de sympathie (1)... J'ajoute aujourd'hui que MM. les officiers de la compagnie que j'ai ensuite commandée m'ont offert également un témoignage auquel je n'attache pas moins de prix. Je les conserve tous deux avec le sabre que j'ai porté pendant dix ans comme capitaine commandant, et que, dans la nuit du 24 février, à l'hôtel de ville, on voulut m'arracher avec ma médaille de *sauvetage*.

J'ai dit encore que, le 25 février, après avoir vu mon colonel dont les réponses embarrassées m'indiquèrent sous quelle coupable influence il avait dû signer mon ordre de la veille, j'étais intervenu à la tête de ma compagnie pour protéger la maison de M. Guizot, menacée d'être incendiée, et que, sans cette circonstance très-pressante, m'avait-on dit, nous serions partis pour le château de Neuilly. J'ai dit que j'avais concouru à l'enlèvement des poudres de la caserne de la Pépinière ; que j'avais conduit ensuite sur le lieu du sinistre du pont d'Asnières le premier détachement qui vint pour s'opposer à sa destruction, et que, toujours guidé par M. Flachat, ingénieur en chef du chemin de fer, j'avais pris des dispositions assez heureuses pour préserver de l'incendie tous les ateliers de construction.

---

(1) Ce *fanion*, richement brodé, était la propriété de ma compagnie ; il lui avait été donné par M. *Millot*, son ancien capitaine.

J'ai dit, en outre, qu'au 15 mai j'avais pénétré un des premiers dans l'enceinte de l'Assemblée nationale pour la protéger, et qu'aussitôt j'avais fait partie de la colonne qui marcha au secours de l'hôtel de ville;

Que, dans les journées de juin 1848, j'avais reçu *plusieurs balles* dans *mon uniforme* à l'attaque des barricades Poissonnière, et que, sous le feu des insurgés, j'avais, entre autres blessés, emporté *seul* M. Girardin, étendu dans la rue, atteint d'une balle à la jambe.

C'est à l'occasion de cette affaire si meurtrière que, ne pouvant comprimer mon indignation, j'ai pris une initiative de blâme contre des chefs qui eurent la prétention de nous avoir commandés, lorsqu'ils s'étaient effacés dès le premier danger... Et, chose étrange, mon pantalon et ma tunique, tachés de sang et percés de plusieurs balles, n'ont échappé qu'à la vue de ces nouvelles autorités.

J'ai dit, toujours dans le but de répondre aux mêmes insinuations de M. Vieyra, que le 13 juin 1849 ma nouvelle compagnie, la SEPTIÈME du 2ᵉ bataillon de la première légion, avait été CHOISIE pour remplir la PREMIÈRE mission échue au bataillon. Cette mission, l'une encore des plus délicates de ce jour, et qui consistait à opérer le désarmement de l'artillerie au Palais-Royal, présentait évidemment des difficultés d'exécution et semblait aussi nécessiter un plus grand déploiement de forces pour en espérer le succès, puisque le colonel *Bachelu* nous renforça d'une compagnie de ligne qu'il plaça sous mon commandement, et que ce chef d'état-major m'adressa des remerciments au nom du général *Changarnier*, lorsque je lui fis la remise des armes enlevées en présence d'une population difficile à contenir (1).

(1) Pourquoi *toujours* la *septième*, commandée *par le capitaine Laury*, plutôt qu'une autre, lorsque les *huit* compagnies étaient réunies et formées

J'ai dit que le 24 février 1848 j'avais fait établir un poste chez moi, dès que mon beau-frère, M. Molinet, fut revenu de Saint-Cloud, où, comme garde national à cheval, il avait accompagné le roi; et que, pendant plusieurs mois, j'avais défrayé un grand nombre de ceux qui, concourant à la défense du quartier, se trouvaient dans une position précaire (1).

Je suis depuis quinze ans administrateur de la Caisse d'épargne de Paris, et j'ai été également nommé à d'autres fonctions honorifiques que j'ai cessé de remplir après les événements de février. J'ai jusqu'ici, et bien avant cette époque, consacré le rez-de-chaussée de plusieurs maisons pour des réunions et des ventes de bienfaisance, pour les élections de l'arrondissement, *l'instruction et les exercices de la garde nationale*, et cela m'a souvent valu de flatteurs remerciments de mon colonel, de MM. les maires, des dames de charité et des habitants de mon quartier, qui m'ont prouvé plus d'une fois, ainsi qu'à mon beau-frère, qu'ils se souvenaient de notre énergique intervention pour le rétablissement de l'ordre si gravement compromis (2).

Ainsi, Monsieur le Président, mes services aux colonies, en France et même à l'étranger, venaient, s'ils ne suffisaient pas à eux seuls, appuyer la demande que vous aviez faite à la suite des récompenses que j'avais obtenues dans le concours de toutes les nations; vous voyez déjà que si votre proposition officielle a échoué pour moi, c'est qu'il y avait

en colonne, *la droite en tête?* M. Vieyra pourrait peut-être l'expliquer, lui qui nous avait désignés.

(1) Des journaux de l'époque ont cité particulièrement le nom de M. Molinet pour ses actes de courage *au moment* où le Roi, la Reine et Mgr. le duc de Montpensier montaient en voiture sur la place Louis XV.

(2) Cependant le nom de mon beau-frère a disparu, comme le mien, des contrôles de la garde nationale, quoiqu'il n'eût pas non plus atteint l'âge de 50 ans.

des motifs particuliers, et s'il n'est pas possible de les indiquer tous ici, il en est quelques-uns cependant que je vais vous faire connaître.

J'avais constaté, dans ma Notice imprimée en 1849, je le répète, et nul aujourd'hui ne peut le nier d'après la publicité qu'elle reçut, que, le 24 février 1848, j'avais refusé de remettre le commandement du Ministère des finances à mon nouveau collègue, M. Vieyra, parce que l'ordre qu'il m'apporta *à deux reprises*, au lieu d'être signé de notre COLONEL, ne l'était que de M. de COURTAIS, qui venait d'être nommé général en chef de la garde nationale par le Gouvernement provisoire, et que si notre colonel approuva cet ordre, ce ne fut que par suite des manœuvres incroyables de M. Vieyra dont il ne s'est pas défié.

Cette explication que j'avais déjà donnée avant la publication de ma Notice, et que j'ai renouvelée avec certains détails qui n'ont échappé à personne, ne satisfit point M. Vieyra, devenu mon chef de bataillon; cependant elle n'eut de conséquences vraiment sérieuses qu'après sa nomination au grade de COLONEL chef de l'état-major général et de COMMANDEUR de l'ordre impérial de la Légion d'honneur, alors qu'il se croyait protégé par sa subite élévation, l'étendue de ses pouvoirs et la certitude d'échapper, comme d'autres, aux élections dans lesquelles se produisaient autrefois d'énergiques initiatives, malgré toutes les précautions prises pour les empêcher.

Quelques jours donc après que M. Vieyra eut obtenu ces hautes distinctions, je reçus l'invitation d'ouvrir dans ma compagnie une souscription à l'effet de lui décerner une épée d'honneur « *pour les éminents services qu'il nous avait rendus.* » était-il dit dans la lettre qui me fut adressée.

Cette invitation, je l'avoue, me parut si étrange que, le

8 janvier 1852 seulement, *faute d'avoir pu trouver un imprimeur à Paris*, j'adressai une lettre *autographiée* à tous les membres de ma compagnie pour leur faire connaître que « *je n'autorisais pas cette souscription ;* » et j'ajoutais, pour les nouveaux inscrits, les motifs qui, selon moi, s'opposaient impérieusement à ce qu'on donnât au chef de l'état-major ce témoignage, qui eût eu des conséquences que tous n'étaient pas à même d'apprécier (1). Aussi, dès ce moment, tout fut-il mis en usage par les parties intéressées pour prouver que j'avais calomnié le colonel !... que ma lettre resterait sans effet... et que la souscription serait réalisée, lorsqu'on savait le contraire ! Puis, quelques jours plus tard, le 24 janvier 1852, *le Constitutionnel* rapportait une lettre du colonel, M. Vieyra, à un capitaine, dans laquelle il lui déclarait ne pas accepter l'épée d'honneur qui lui était offerte *par ses camarades*, et l'invitait à verser le produit de la souscription dans une caisse de bienfaisance.

Il est à remarquer que le chef d'état-major général s'est bien gardé d'indiquer la somme *à verser*, et surtout les *noms* et le *nombre* des souscripteurs, et que le capitaine trésorier *fit de même*, sans aucune mauvaise intention *sans doute*.

M. Vieyra, qui avait laissé passer ma Notice sans y répondre, occupait alors une position officielle trop élevée pour qu'il lui fût possible de se renfermer encore dans un majestueux silence.

(1) Lorsque je pris cette détermination à l'égard de M. Vieyra, j'étais *officiellement* informé que les recommandations de plusieurs généraux et de M. le Ministre de la marine lui-même resteraient sans effet auprès de M. le Ministre de l'intérieur, *tant que M. Vieyra n'y aurait pas joint la sienne*. J'en ai la preuve *officielle*, et l'on comprend que sans cela j'aurais dû peut-être hésiter, comme d'autres, à prendre une telle détermination, et qu'en agissant comme je l'ai fait, je *renonçais sciemment* à toutes mes espérances.

2.

J'avais dit, dans ma lettre circulaire, qu'*il avait abusé de tous les dévouements et de toutes les confiances.*

Il fallait prouver publiquement que j'étais un calomniateur, comme on le disait tout bas ; mais il paraît que c'était difficile, sinon impossible.

Le colonel, en homme habitué à ruser, imagina de me provoquer en duel, et je m'y attendais ; car aussitôt que ma lettre fut autographiée, et avant qu'elle fût distribuée, j'étais assuré, *malgré les difficultés du moment,* d'avoir pour témoins deux hommes dont l'énergie et le courage m'étaient connus ; mais comme ce genre de réponse présente bien quelque inconvénient, le colonel avisa au moyen de se donner l'honneur d'une provocation et de me faire manquer au rendez-vous.

Donc, le samedi 10 janvier 1852, deux officiers sous les ordres de M. Vieyra se présentèrent chez le concierge de la maison que j'habite avec ma famille depuis trente ans. L'un d'eux, le sieur Boureard, quoique je n'eusse pas été prévenu de cette visite, manifesta bruyamment son étonnement que je ne fusses pas chez moi, et écrivit la demande d'une réparation par les armes *sur le registre de la loge* (lequel sert pour toute ma famille). Le lendemain, M. Vieyra ayant prétendu, par l'organe de ses témoins, que *l'affaire ne résultait pas de deux positions officielles,* et que, par conséquent, la demande de l'emploi de l'arme de service (le sabre), faite par moi, ne pouvait m'être accordée, j'acceptai *ses armes* (l'épée), et rendez-vous *pour la rencontre* fut fixé pour le lendemain, neuf heures précises du matin, *sans qu'au préalable on m'eût demandé aucune explication sur la lettre que j'avais publiée* (1).

(1) La manière dont cette provocation me fut faite explique comment elle parvint à la connaissance de mon beau-frère, qui, en remplacement d'un officier supérieur de l'armée, m'accompagna au rendez-vous de combat avec

Mais le colonel Vieyra, qui s'était présenté au rendez-vous des témoins la veille, quoiqu'il ne le dût pas, et que le sieur Boureard eût pris le soin de me faire remarquer que je ne devrais pas m'y rendre ; *seul*, cette fois, le *colonel Vieyra* ne s'est pas montré au rendez-vous de combat. Ses témoins, après un retard d'un quart d'heure, ont déclaré « *qu'ils avaient eu l'honneur d'être appelés de bonne heure* « *chez M. le Ministre de l'intérieur, et que, malgré leurs* « *pressantes sollicitations* POUR QUE LE DUEL EUT LIEU, *M. le* « *comte de Morny leur avait renouvelé formellement la dé-* « *fense qu'il avait déjà envoyée* DANS LA NUIT *à M. Vieyra* « *pour qu'il renonçât au combat !...* » ajoutant que « *J'al-* « *lais être arrêté ainsi que mes témoins, si je persévérais* « *dans mes attaques contre le chef d'état-major général, et* « *que M. le Ministre en avait transmis l'ordre à la préfec-* « *ture de police* EN LEUR PRÉSENCE. » (Cela est du reste ainsi rapporté dans *la Patrie* du 12 janvier avec une addition évidemment controuvée et dont il sera parlé.)

« Toutefois, » dit le sieur Boureard, au nom du colonel Vieyra, et dans les salons mêmes de l'état-major général, où le rendez-vous avait été donné, « *cette rencontre n'est qu'une partie* REMISE ; *elle sera* REPRISE *aussitôt que possible.* »

Une telle réserve indiquait, à n'en pas douter, que je devrais attendre la *destitution* ou la démission de M. Vieyra de ses importantes fonctions, ce qui n'eut lieu que *six mois* plus tard, c'est-à-dire le 10 août suivant ; c'était donc quatre

M. Grégoire et le docteur Barret, chirurgien major du 5ᵐᵉ bataillon de la première légion. — Si M. Molinet m'assista également dans la deuxième rencontre, c'est en définitive par suite du bruit que l'on fit pour m'arrêter dans la nuit du 14 janvier... Du reste, il remplaça, cette fois, le capitaine Pégoul, qui, malgré sa vigilance, manqua au rendez-vous, et j'explique que *je plains bien ceux qui, dans cette circonstance, n'ont pas compris que mon beau-frère n'eût pas même essayé d'empêcher la rencontre.*

jours *avant* la grande revue passée par l'Empereur après la nouvelle réorganisation de la garde nationale, les nominations et la prestation des serments par bataillons, faite quelquefois entre les mains du chef d'état-major à l'état-major général.

Ne pouvant croire à l'intervention de M. le Ministre, surtout comme l'annonçait le sieur Bourcard, nous avons témoigné hautement à ce dernier notre indignation de sa conduite si évidemment équivoque ; mais ce chef du 5e bataillon ne tarda pas à nous prouver l'étendue de ses pouvoirs mystérieux.

En effet, le même jour, 12 janvier 1852, *la Patrie* publia un article injurieux pour moi et auquel il m'était interdit de répondre sous peine d'arrestation. Cet article contenait en outre des menaces qui eurent un commencement d'exécution, puisque ce jour-là même, des tentatives d'arrestation eurent lieu, et que, le 13, l'un de mes témoins fut arrêté chez lui, *en présence de sa famille consternée et en pleurs !!!* . . . .

Aucun de mes adversaires n'a été inquiété ; il reste donc à demander laquelle des personnes, du côté de M. Vieyra, a dénoncé des noms que M. Bourcard avait demandé à connaitre, *car il est certain qu'on n'aurait pu les deviner.*

Il est à remarquer qu'il y a loin de cette conduite si blâmable aux témoignages que le sieur Bourcard me donnait autrefois, malgré le peu de sympathie que je lui témoignais ; et on en trouve une preuve *certaine* dans mon refus d'accepter les épaulettes de capitaine d'armement de son bataillon, lorsque après février j'avais repris momentanément les épaulettes de laine.

Ainsi mon adversaire me provoque bruyamment à un duel que j'accepte ; mais alors, en homme prudent, il se retranche derrière l'opinion protectrice de M. de Morny; et lui qui avait refusé l'emploi de l'arme de service *sous prétexte que l'affaire ne résultait pas de deux positions officielles*, s'abrite alors derrière sa POSITION OFFICIELLE pour éviter la rencontre qu'il avait demandée.

Le lendemain, 14 janvier, le chef de la police municipale, M. BRUZELIN, qui dans le temps avait eu l'occasion de constater *officiellement* ma présence dans des travaux de sauvetage que j'avais dirigés avec succès, mais non sans périls, conjointement avec M. le commandant du corps des sapeurs-pompiers de Paris, m'appela dans son cabinet et me fit connaître, par ordre, les dangers de ma situation. Cependant ce magistrat me dit avec bonté qu'il se portait garant de ma liberté, si je gardais le silence sur le chef de l'état-major général.

De retour de la Préfecture de police, je trouvai chez moi MM. les comtes de Bréda et de Meffray; ces messieurs me remirent une lettre de M. *Alfred* VIEYRA, capitaine d'état-major, par laquelle il me demandait avec INSTANCE à se substituer à son oncle *comme portant le même nom*, et de vouloir bien l'accepter pour adversaire... Comme la garde nationale était dissoute depuis le 12, jour fixé pour la rencontre, sans que son oncle se fût présenté, et que je ne voulais pas décliner la responsabilité des allégations contenues dans ma lettre circulaire du 8 janvier, j'ai accédé à sa demande, en mettant toutefois à mon acceptation une condition, que MM. de Bréda et de Meffray durent transmettre au colonel d'état-major, et rendez-vous fut pris pour le lendemain, neuf heures du *matin* (1).

---

(1) Cette condition a sans doute été oubliée par le colonel Vieyra dans sa préoccupation de la réorganisation de la garde nationale, qu'il fit durer jusqu'au 10 août (*six mois*), jour où le *Moniteur* annonçait qu'il cessait ses fonctions de chef d'état-major pour des motifs *qu'il n'a pas fait connaître*.

Mais, pendant la nuit, tout fut mis en œuvre pour m'empêcher de me trouver sur le terrain : de nouvelles tentatives d'arrestation furent dirigées contre moi : une douzaine d'agents pénétrèrent dans ma maison... *au nom de la loi... qui défend la violation du domicile.*

Prévenu lorsque je venais de me mettre au lit, je dus, pour leur échapper, me sauver en chemise, pieds nus, et chercher un refuge sous les combles. J'étais avec mon domestique et mon concierge, qui n'étaient guère plus vêtus que moi (nuit du 15 *janvier*).

Après plus de quatre heures d'attente, dans un silence qui me permettait d'entendre les agents qui me cherchaient, j'ai pu me vêtir et sortir des combles.

C'est mon beau-frère, M. Molinet, à l'énergie duquel, il y a vingt-cinq ans, j'avais dû la vie, qui fut encore pour moi l'instrument de la Providence dans cette terrible nuit. C'est à lui, c'est à sa compétence en matière d'honneur et à son amitié de trente ans, que j'ai dû de pouvoir d'abord sortir de ma retraite, sans profiter de l'occasion si favorable qui m'était offerte de manquer au rendez-vous (1).

C'est aussi avec mon beau-frère et un autre homme de cœur, M. Grégoire (2), qui m'assistaient déjà dans la rencontre à laquelle le *colonel* avait manqué, que, trompant la surveillance de la police, je sortis de chez moi par la maison contiguë à celle que j'habite, et que je pus atteindre la forêt de Ville-d'Avray, où nous vîmes M. *Alfred Vieyra pour la première fois.*

Je pensais alors avoir déjoué les inextricables projets de

(1) M. Molinet, ingénieur colonial, officier de la Légion d'honneur, propriétaire rue Tronchet, a été longtemps directeur des ponts et chaussées et du service du génie militaire du Sénégal et dépendances.

(2) M. Grégoire est docteur en médecine, chevalier de l'ordre du Lion néerlandais et propriétaire à Paris.

mes premiers adversaires, lorsque après avoir éprouvé toutes sortes de difficultés pour nous rejoindre et nous procurer des armes, d'autres obstacles se sont présentés au moment où nous étions le pistolet au poing, en face l'un de l'autre... Le maire de Ville-d'Avray, suivi de gendarmes, s'est trouvé sur le terrain et s'est placé entre nous au moment même où nous allions faire feu. Alors nous dûmes fuir, chercher l'endroit le plus solitaire de la forêt et supprimer la première partie du duel afin d'éviter l'autorité assez longtemps pour organiser le combat avec les sabres apportés par MM. de Meffray et de Bréda, pour le cas où le combat au pistolet serait resté sans résultat (1).

Mais, chose singulière, quoique tout se fût passé loyalement et dans toutes les règles, ainsi que les témoins mêmes de M. Alfred Vieyra l'avaient constaté dans les journaux du 16 janvier, et que sa blessure ne fût pas mortelle, ainsi que cela fut reconnu dès le lendemain par son médecin, les tentatives d'arrestation n'ont pas même cessé après la rencontre : le colonel *Vieyra* voulait me retenir en prison préventive jusqu'à l'époque du jugement qui n'eut lieu que le 24 avril (2).

----

(1) M. le docteur *Avizard* assistait mon adversaire ; mais M. le docteur *Barret*, qui m'avait déjà accompagné au rendez-vous donné par les témoins du COLONEL VIEYRA, fut mis, cette fois, dans l'impossibilité de nous rejoindre, par suite de ma fuite précipitée, pour éviter mon arrestation et voir à temps MM. de Bréda et de Meffray, dont la conduite à mon égard différa bien de celle du sieur Bourcard.

(2) Ce jour-là, mon défenseur, l'honorable M. de LABORIE, ancien magistrat et membre de l'Assemblée législative, a soutenu que jamais prévenu ne s'était présenté devant ses juges avec de plus légitimes moyens de défense. Aussi le Tribunal, forcé d'appliquer la loi sur le duel, ne m'a-t-il condamné qu'à la simple peine de l'amende, et encore après avoir fait donner *publiquement* lecture *entière* de ma lettre, M. Vieyra étant toujours chef de l'état-major général et Paris en état de siège.

Mon séjour forcé en pays étranger dura *trois* mois consécutifs.

Cela est si incroyable, que je dois apporter ici le témoignage de M. le général d'Arlincourt. Comme il parlait à son ami, M. le général Lawœstine, avec cette indépendance qui le caractérise, de la conduite déloyale de M. Vieyra, en présence de M. Vieyra lui-même, celui-ci osa conclure par ces mots : *J'aurai toujours la satisfaction de le tenir préventivement deux ou trois mois sous les verrous.*

Dans cette position, et d'après les prières de ma famille, restée pendant six jours dans l'anxiété à attendre l'issue de cette double affaire, qu'elle aurait ignorée sans le procédé inconcevable du sieur Bourcard ; d'après aussi toutes les considérations sur lesquelles le brave général d'Arlincourt, ami de mon beau-frère, appela mon attention, je partis le 18 janvier 1852 pour la Belgique, où je fus assez heureux de trouver dans l'administrateur de la sûreté publique du royaume, M. *Napoléon Verheyen*, un homme dont j'étais honorablement connu, et qui savait notamment qu'en 1847, alors qu'il était procureur du roi à Bruxelles, j'avais été blessé à Molenbeck-Saint-Jean en dirigeant pendant six heures consécutives, et souvent au milieu des flammes, des travaux de sauvetage qui me valurent une médaille d'honneur et des félicitations de l'ambassadeur de France, de M. le duc de *Bassano*, de M. le comte *Vilain XIV*, des officiers de l'armée belge et de l'illustre maréchal prince *Jérôme*.

Le conseil d'administration de la Compagnie d'assurances générales, informé de mes services dans ce terrible sinistre, et apprenant que mes blessures m'avaient retenu à Bruxelles, m'adressa lui-même des félicitations et une médaille de vermeil (1).

---

(1) Après avoir produit les documents qui établissent mes services, mes blessures et quelques libéralités en faveur de soldats exténués de besoins et de fatigues, et avoir justifié en outre du payement de 60 francs, pour droit

Cependant, bien que depuis cette époque j'eusse rendu en Belgique des services de même nature, rapportés dans les journaux (janvier 1851), et qui me valurent notamment les félicitations du commandant du corps des sapeurs-pompiers de Bruxelles, et quoique je fusse connu du consul de Hollande, qui aurait dû se rappeler à quelle occasion je l'avais vu pour la première fois dans cette ville, M. de *Rossius Orban*, à qui j'ai demandé le visa de mon passe-port (ne devant rentrer en France que pour l'époque du jugement), m'a répondu que, connaissant par les journaux les motifs pour lesquels j'avais quitté Paris, il ne pouvait prendre sur lui de viser mon passe-port sans se faire autoriser par le gouvernement des Pays-Bas, et j'ai dû attendre huit jours, à Liége, sa réponse (1).

Cela était pour moi un bien faible désagrément, comparé à la gravité de celui qui m'attendait, si les stratagèmes audacieux employés du 10 au 15 janvier eussent réussi à me faire quitter Paris avant une sérieuse rencontre.... si, dans la nuit du 14 surtout, je n'étais pas parvenu à échapper aux agents qui devaient m'arrêter, et si enfin, mis dans l'impossibilité de me trouver au rendez-vous du neveu de M. Vieyra, mon digne et énergique beau-frère, au lieu de m'assister

de chancellerie, en France, j'ai été autorisé, par décret de l'Empereur, à accepter et à porter la médaille de sauvetage qui me fut OFFERTE au nom de S. M. le roi des Belges.

(1) Dans cette ville, comme à Bruxelles, où je suis connu, j'avais une position aussi *singulière* qu'à Paris, par suite des félicitations que je recevais des hommes de tous les partis. Je dus, à cette époque *surtout*, me louer d'être connu de l'autorité, qui savait qu'en outre des services ci-dessus, j'en avais rendu d'une autre nature, par l'intermédiaire de la Société *Philanthropique*, la VEILLE même de l'incendie de *Molenbeek-Saint-Jean*, et lorsque j'assistai au Congrès *Pénitencier de Bruxelles*, ce qui me fit donner une autorisation spéciale pour visiter notamment la prison cellulaire de Liége, avec invitation par M. l'administrateur de la sûreté publique, de lui faire un rapport sur les résultats de mes observations.

seulement comme témoin, se fût présenté pour moi, comme il se fût certainement présenté au rendez-vous du colonel, dans le cas où une cause *quelconque* me l'eût fait manquer.

Il n'est pas possible de douter de ce que les journaux eussent dit alors, à en juger par l'article de *la Patrie* du 12 janvier, article reproduit par le *Constitutionnel* et les journaux étrangers. Peut-être eussent-ils rapporté que le colonel en personne, *et non son neveu*, s'était présenté, mais en se gardant bien de dire qu'on m'avait empêché de m'y rendre par des tentatives d'arrestation.

C'est par suite de cet article du 12 janvier, dans lequel mes adversaires ont trompé le public en qualifiant ma lettre de *libelle injurieux*, sans en rapporter ni les termes ni la cause... et en disant, sans s'apercevoir même *qu'ils se nuisaient par cet aveu, que c'était avec beaucoup de difficulté que j'aurais pu trouver un deuxième témoin pour m'assister contre le colonel Vieyra;*

C'est parce qu'ils ont employé toutes sortes de subtilités pour faire croire à la réussite de la souscription à l'*épée d'honneur;*

C'est parce qu'ils ont imaginé de mettre dans les journaux des 12 et 13 janvier 1852, que M. le Ministre de l'intérieur avait dit que : « Cette affaire résultant de *deux situations* « OFFICIELLES, M. le comte de Morny ne reconnaissait pas à « M. Vieyra le droit de me demander la réparation par les « armes sans COMPROMETTRE LA DIGNITÉ DE SES FONCTIONS !!! « et sans manquer à son devoir envers le Gouvernement. » Ajoutant, pour mieux atteindre leur but, « *que M. le mi-* « *nistre leur avait dit que, si c'eût été pour des raisons* PRI- « VÉES, *il n'eût pas cru devoir mettre obstacle à cette ren-* « *contre... et que* J'ALLAIS ÊTRE ARRÊTÉ *si je persévérais dans* « *mes attaques contre le chef de l'état-major général;* »

C'est, dis-je, par suite de ces insinuations, c'est par suite d'une autre publicité non moins perfide, et quand les journaux donnaient le bulletin de la santé de M. Alfred Vieyra, nommé auditeur au Conseil d'État aussitôt après notre rencontre, que M. le baron Alphonse de Rothschild et d'autres honorabilités françaises et étrangères, parlant de cette affaire en ma présence, *sans me connaître*, ont dit « *qu'il fallait que ce M. Laury fût vraiment un homme* sans position, *pour qu'on le traitât de la sorte.* »

Ces messieurs me blâmèrent, en outre, d'avoir laissé passer cet article sans réponse ; ils oubliaient, dans leur loyauté, l'impossibilité pour moi de trouver un imprimeur à Paris.

Voilà ce que peuvent les artifices et la ruse sur les gens honnêtes (1) ! Voilà pourquoi, Monsieur le Président, je suis entré dans ces détails qui expliquent ma position, et vous me pardonnerez d'ajouter que depuis vingt ans mes contributions *foncières* ne se sont jamais élevées à moins de 4.000 francs *annuellement*, que ma famille est justement considérée, et que M. Molinet, mon ancien collègue, devenu mon beau-frère, m'a toujours donné depuis trente ans l'exemple de la droiture et du courage.

Je dois, il est vrai, sur mes propriétés ; mais, n'est pas sans POSITION, l'homme qui est à la tête d'un établissement comme celui que j'ai fondé, et qui après avoir été victime,

---

(1) Le sieur Bourcard et un autre officier supérieur dont je n'étais pas connu, après avoir cité dans les journaux la qualité de M. *Vieyra* comme chef de l'état-major général ! prirent le soin d'ajouter à mon nom la qualification de fabricant de calorifères, au lieu de s'en tenir seulement à celle de capitaine que j'avais prise dans ma lettre relative à *l'épée d'honneur !...* *L'intention est vraiment trop facile à saisir pour qu'il soit nécessaire de l'expliquer.* Toutefois, je fais remarquer que la garde nationale ayant été dissoute dans la même journée ,12 janvier 1852 , la nomination de M. *Bourcard*, par suite de la suppression des élections, n'était plus possible que par M. Vieyra, dont il vantait si haut les mérites à cette époque.

comme tant d'autres, des événements et d'un grand nombre d'abus, a pu faire quelque bien et rester irréprochable (1).

Dès lors, et de bonne foi, après trois années de contrainte excessive, sous le coup d'injures publiques sans que j'y eusse répondu, de quelle étrange faiblesse ne pourrait-on pas m'accuser, si, réunissant toutes les conditions pour dire la vérité, je me fusse soustrait à l'accomplissement d'un devoir que mes épaulettes de plus ancien capitaine m'imposaient, et si enfin, faute d'avoir éclairé à temps l'autorité, M. *Vieyra* occupait une plus haute position, ou avait un grade supérieur dans la Légion d'honneur?

N'aurait-on pas eu raison de blâmer mon ambition, si, non-seulement le 6 janvier 1852, lorsque les *amis de M. Vieyra* crurent le moment propice pour lui offrir une épée d'honneur, mais lorsqu'il nous adressait ses *hardies professions de foi*, je n'eusse pas refusé publiquement d'appuyer sa candidature au grade de COLONEL de la première légion, en me fondant notamment sur sa conduite et ses manœuvres au 24 février, conduite et manœuvres qui pouvaient devenir funestes à la compagnie que je commandais, qui devaient faire craindre ultérieurement pour la légion, et compromettre l'avenir de l'institution *tout entière*.

Si l'on se rappelle que cette cause *n'était pas la seule sur laquelle je me fondais* pour attaquer M. Vieyra, l'on reconnaîtra que ce ne fut pas pour des motifs futiles, qu'en réponse à l'invitation qui me fut adressée touchant la souscription à l'épée d'honneur, j'ai fait imprimer une lettre dont j'ai accepté la responsabilité le jour de la rencontre, et même devant M. le juge d'instruction, avec toutes les

(1) M. le baron A. de Rothschild se rendait en Allemagne le 19 janvier 1852 et franchissait la frontière belge en même temps que moi, lorsque la conversation se porta sur le scandale produit par cette affaire.

interprétations dont elle était susceptible. Ma présomption a été grande, je l'avoue, en entreprenant de faire seul ce qui aurait dû être l'œuvre d'un grand nombre.

C'est donc pour des motifs de *toutes sortes* et malgré les conséquences *qu'il m'était facile de prévoir,* que j'ai constamment pris l'initiative sur MM. de Lanjuinais, de la Ferronnaye, Gourgaud, de Turgot et autres de mes collègues, qui pensaient comme moi sur M. Vieyra, et que j'ai prouvé qu'aucune considération ne m'eût décidé à remplir les prescriptions qui m'étaient imposées pour obtenir la croix de la Légion d'honneur.

A cette preuve qui résulte évidemment de la Notice qui fut remise dans le temps à plus de six cents de mes camarades et communiquée à l'autorité, par suite de la conduite de M. *Vieyra,* et de la nécessité d'avoir la confiance entière des hommes *nouveaux* que j'étais appelé à commander dans des circonstances difficiles, j'ai, je le répète, ajouté l'énumération de mes services et les noms des personnes les plus compétentes qui les avaient approuvés. De ce nombre sont : MM. les gouverneurs du *Sénégal* et les autorités de cette colonie ; M. l'inspecteur général du génie maritime et MM. les ministres de la marine et du commerce ; des généraux, des savants et les autorités de l'arrondissement que j'habite depuis trente ans, dont plus de vingt comme *propriétaire* rue Neuve-des-Mathurins et rue Tronchet (1).

____

(1) M. l'amiral baron de Mackau, qui, récemment, et dans les 24 heures, m'a fait obtenir la nomination d'une commission pour l'examen d'une application aux projectiles de guerre, écrivit dans le temps à M. le Ministre de l'intérieur pour lui parler de mes services... M. Casimir Périer, *je le sais,* écrivit également, dès qu'il apprit que, dans un sinistre important, j'avais sauvé l'un de ses amis d'un péril imminent, et le général en chef de la garde nationale fit de même, ainsi que d'autres autorités compétentes, mon colonel en tête......... Si donc les titres à une distinction devaient par-

Enfin, pour répondre, après trois années de contrainte, à d'étranges questions, je dis en résumé, aujourd'hui, que tout ce qui a été publié pour justifier le colonel Vieyra de son manquement au rendez-vous de combat, et faire croire que des motifs que je n'ai point à apprécier l'empêchaient d'accepter l'épée d'honneur contre la souscription de laquelle je m'étais élevé par une lettre fort significative, n'est qu'une série d'allégations mensongères ; M. le Ministre n'a pu dire, *s'il connaissait la vérité*, qu'il défendait la rencontre, « *parce que l'affaire résultait de deux situations* « OFFICIELLES *dans lesquelles l'inférieur avait insulté son* « SUPÉRIEUR, *et qu'il ne reconnaissait pas à M. Vieyra* « *le droit de me demander la réparation par les armes* « **sans compromettre la dignité de ses fonc-** « **tions !!!** »

Voilà cependant ce qu'ont publié des journaux auxquels il m'était interdit de répondre sous PEINE D'ARRESTATION !... Ces paroles, attribuées à M. le Ministre, ne me donnent-elles pas le droit d'affirmer aujourd'hui que mon initiative contre le chef de l'état-major général eut l'approbation de mes concitoyens **les plus recommandables**, et, je puis bien le dire, celle du Gouvernement lui-même, puisque M. Vieyra aussitôt après la réorganisation de la garde nationale perdit la position éminente qu'il occupait.

Ces approbations m'étant acquises, je me trouverais suffisamment dédommagé de mes efforts et de mes sacrifices, Monsieur le Président, si dans un moment aussi solennel que celui de l'Exposition universelle vous constatiez, dans votre rapport plus spécialement français, le vote du jury international, et si vous rectifiiez ma NATIONALITÉ dans la

venue à M. le Ministre, accompagnés d'honorables recommandations, je pourrais me dire de ceux qui réunissent ces conditions.

liste *des plus hautes récompenses*, distinctions dont DEUX
se rattachent à mon nom, et qui ont été, de plus, sanction-
nées en France par la croix de la Légion d'honneur (1).

Cette constatation, en me plaçant au nombre des fabri-
cants qui ont le mieux représenté l'industrie française dans
ce vaste concours, donnerait une nouvelle force à la partie
du rapport que me consacra le savant M. Pouillet, membre
de l'Institut et directeur du Conservatoire des Arts et Mé-
tiers, lorsqu'il me proposa au jury central de l'exposition
de l'industrie nationale de **1844**, pour la médaille **d'or**;
disant, ce que du reste le jury a confirmé, que « *mes produits étaient déjà,* **comme systèmes et comme
objets d'art,** *d'un mérite* **difficile à surpasser.** »

Enfin cette constatation légitimerait doublement la candidature qui fut le prix de mes travaux industriels et corro-
borerait ce que divers gouvernements ont dit en ma faveur.

Dans la partie du compte rendu qui me concerne et qui
a été publié à Berlin par le jury de l'Union allemande, sur
l'Exposition universelle de Londres, il est dit (page 90,
n° 568, section 22e) que, « ..... **sous tous les rapports,**
« *les produits* FRANÇAIS *de* M. G. LACRY *surpassent de beau-*
« *coup tout ce que les autres pays ont exposé en ce genre;*
« *et, en décrivant les* MEILLEURS *appareils de chauffage* AN-
« GLAIS, *le jury international a reconnu, à* DEUX REPRISES,
« *les droits de priorité de* M. LACRY, *et lui a décerné la pre-*
« *mière* GRANDE MÉDAILLE *de mérite accordée à sa branche*
« *d'industrie, laquelle comptait, à elle seule,* 206 *exposants*
« DE TOUTES LES NATIONS.... »

____

(1) En outre, vingt-cinq médailles de 2e classe ont, il y a *trois ans*, obtenu
cette sanction.

Le même jury, en prenant cette décision qui me maintient de la manière la plus authentique à la tête d'une industrie fort importante, témoigne en outre sa surprise que l'on n'ait pas tenu compte de la manifestation du jury *international* à mon égard, « *et cela, a-t-il dit, — pour* « *des motifs...* **que l'on n'a pas fait connaître.** »

En outre encore, m'assure-t-on, Monsieur le Président, le jury français, par l'organe de l'honorable M. GOLDENBERG, ancien représentant à l'Assemblée législative et rapporteur pour la section des métaux, témoigne la même surprise que les membres du jury des gouvernements allemands, et il constate comme eux, que « *mes produits surpassent le mérite des produits* ANGLAIS, *de même que ceux de* TOUTES LES AUTRES NATIONS. »

Malgré tous ces témoignages publics, j'ai le regret de vous informer, Monsieur le Président, que, quoique inscrit un des premiers, je n'ai pas encore reçu l'avis de mon admission au concours universel de 1855, ni même de lettre d'avertissement pour avoir à présenter mes produits à l'hôtel de ville, comme tous les exposants que j'ai vus. Or, vous savez que, d'après l'article 12 du règlement général, le délai fixé pour la clôture d'examen et d'admission de la commission impériale est depuis longtemps expiré.

Je suis *exclu* depuis TROIS ANS, il est vrai, de L'ENTRETIEN des appareils que j'ai fournis dans les PALAIS, les PRÉFECTURES et les MINISTÈRES (1) ; mais je ne puis croire à mon *exclusion* de l'exposition qui va s'ouvrir à Paris. Vous qui, sur la proposition des membres français du jury *international*, avez fait valoir mes titres lorsqu'il s'est agi de sanctionner d'une manière plus éclatante les distinctions que j'avais obtenues

(1. Je ne me plains pas de cette exclusion ; je me borne à constater un fait.

à Londres, vous ne le souffririez pas, Monsieur le Président, car vous n'avez pas oublié non plus que mes produits, *qui, pour la plupart, ont servi de modèles dans bien des pays,* avaient déjà été classés en première ligne aux expositions de 1844 et 1849, et vous savez que, tout récemment encore, ils ont été placés HORS LIGNE ET HORS CONCOURS.

Agréez, Monsieur le Président, l'hommage des sentiments de haute considération avec lesquels je suis

Votre respectueux serviteur,

G. LAURY,

29-31, rue Tronchet, à Paris.

BRUXELLES, ce 12 février 1855.
Hôtel de Suède.